総本山第六十八世御法主日如上人猊下

御指南集二十六

目次

凡　例

一、本書は『大日蓮』誌の令和元年九月号から同年十二月号までに掲載された、総本山第六十八世御法主日如上人猊下の御指南を抄録したものである。

一、各項の題は編集者がつけた。また読者の便宜のため、ルビ等を加筆した。

一、各項末には、御指南がなされた行事名と、『大日蓮』の掲載号およびページ数を記した。

一、本書に使用した略称は次のとおり。

御　　書　―　平成新編日蓮大聖人御書（大石寺版）
法 華 経　―　新編妙法蓮華経並開結（大石寺版）
御書文段　―　日寛上人御書文段（大石寺版）

① 南無妙法蓮華経が弘まってこそ利生得益《りしょうとくやく》がある

「今末法《いままっぽう》に入《い》りぬ。地涌《じゆ》出現して弘通《ぐずう》有るべき事なり。今末法に入って本門のひろまらせ給《たま》ふべきには、小乗・権《ごん》大乗・迹門の人々、設《たと》ひ科《とが》なくとも彼々の法にては験《しるし》有るべからず。譬《たと》へば春の薬は秋の薬とならず。設ひなれども春夏のごとくならず」と仰せのように、今、末法に入って地涌の菩薩《ぼさつ》、すなわち上行菩薩の再誕、内証・久遠元初《くおんがんじょ》の御本仏・宗祖日蓮大聖人様が御出現あそばされて、末法本未有善《うぜん》の衆生《しゅじょう》のために本因下種《ほんにんげしゅ》の妙法を下種されれば、文上脱益《だっちゃく》の仏法は、たとえ経文の通りに実践したとしても、全《まった》く無益《むやく》となるのであります。

したがって、末法において小乗、権大乗あるいは迹門の人々は、たとえ法に背《そむ》く心はなくとも成仏《じょうぶつ》はかなわず、それは例えば春の薬は秋の薬にならず、たとえ薬とはなっても春や夏のような効果はないとおっしゃっているのであります。

大聖人様は『法華《ほっけ》初心成仏抄』に、

「末法当時は久遠実成《じつじょう》の釈迦《しゃか》仏・上行菩薩・無辺行菩薩等の弘めさせ給ふべき法華経《ほけきょう》二十八品の肝心《かんじん》たる南無妙法蓮華経の七字計《ばか》り此《こ》の国に弘まりて利生得益《りしょうとくやく》もあり、上行菩薩の御利生盛《さか》んなるべき時なり。其《そ》の故は経文明白なり」（御書一三一二ジペー）

とおっしゃって、今時《こんじ》、末法において弘通されるべきところの法は、「法華経二十八品の肝心たる南無妙法蓮華経の七字」であるとされているのです。

つまり、法華経本門寿量品の文底《もんてい》に秘沈せられた下種益の南無妙法蓮華経の一法がこの国に弘まってこそ、利生得益があると、大聖人様は御教示あそばされているのであります。

これらの御文を私どもが拝する時、改めて妙法の偉大なる功徳《くどく》を拝信し、一人でも多くの人々に、この妙法を下種折伏《しゃくぶく》していかなければならない大事な使命があることを忘れてはなりません。

〈夏期講習会第三期・令和元年九月号28ジペー〉

②まず行動を起こせ

上杉鷹山《ようざん》の言葉に、

「為《な》せば成《な》る　為さねば成らぬ　何事も　成らぬは人の　為さぬなりけり」

というものがあります。まさにこの通りでありまして、頭でっかちに、いくら考えを巡《めぐ》らし、成仏《じょうぶつ》を願っても、行動を起こさなければ、それはかなわないのです。だから、まず行動を起こせ、まず折伏《しゃくぶく》しなさいということなのです。

折伏は、大聖人様からの大事な御指南であります。折伏を忘れてしまえば、大聖人様の仏法に意味がなくなります。我々のこの戦いも、折伏が中心であります。つまり、折伏とは広宣流布《こうせんるふ》、すべての人が幸せになるための戦いです。そこに大事な意義が存しているのでありますから、どうぞ皆さん方は、老若男女《ろうにゃくなんにょ》、力を合わせて、折伏に立ち上がっていただきたいと思います。

例えば、小さいお子さんが、おうちで留守番をするのも、立派な折伏のお手伝いです。折伏に行っている最中、お留守番をしてくれる小さい子も、やはり折伏の戦士なのです。そのようにして、一家みんなが心を一つにして広布を目指していくことが異体同心の原点であります。そして、折伏を行じていくところ、大聖人様の御照覧を賜《たまわ》り、大きな功徳《くどく》を頂戴《ちょうだい》することができるのであります。このことを忘れずに、なお一層、令和三年に向かって御精進《しょうじん》をいただきたいと思います。

〔夏期講習会第三期・令和元年九月号30ジペー〕

③ 難から逃げてはだめ

六難九易《い》というのは、法華経《ほけきょう》を受持することの難しさを、六難と九易、すなわち六つの難しいことと九つの易《やさ》しいことを対比することによって説き示されたものであります。これは法華経の三五一ページから示されておりますので、お持ちの方は御覧ください。（中略）

六難と九易が対比して説かれているのですが、これは、滅後に法華経を受持信行することは、このように大変なことであるぞと説かれているのであり、また、この難事を克服して妙法広布《こうふ》に精進《しょうじん》していくところに、広大無辺なる功徳《くどく》を享受《きょうじゅ》できることを、我々はよく知らなければならないのであります。

大聖人様が、

「妙法蓮華経を修行するに難来たるを以《もっ》て安楽と意得《こころう》べきなり」

（御書一七六二ジペー）

とおっしゃっておりますように、私達は難に対しても、あるいはすべてのものごとに対しても、逃げてはならないし、遠ざかってはならないのです。むしろ、立ち向かっていくということが大事です。

これは人から聞いた話なので実際にされては困るのですけれども、犬に足を噛《か》みつかれたら、皆さん、どうしますか。普通、足を引くでしょう。しかし、それではさらに強く噛まれることになってしまいます。だから反対に、犬の口の奥に足を突っ込んでしまえばいいと言うのです。すると犬はびっくりして、噛みついている足を離して、逃げてしまうらしいのです。そういう話を聞いたことがあります。

そのように、難から逃げてはだめなのです。むしろ逆に、いかなる障魔《しょうま》が起こってきても、お題目を唱えて、それに向かって突き進んでいくのです。そうすれば、先程の話の犬のように、難のほうが逃げていくわけです。だから、大聖人様は「難来たるを以て安楽と意得べきなり」とまでおっしゃっているのです。

魔は、私達が逃げるから追いかけてくるのです。魔は正義《しょうぎ》には弱いのですから、私達が正しい信心の姿勢をきちんと示せば、魔はたじろいで逃げていくのです。逃げるから追ってくるということは、私達が生活していくなかの、すべてにおいて言えるのではないでしょうか。

だから「難来たるを以て安楽と意得べきなり」という大聖人様の御金言《きんげん》をよく拝する時、難と立ち向かわずに逃げてしまえば、それは負けでありま す。むしろ魔や難が起きた時にこそ、我々は心身共にお題目をしっかり唱えて、その魔や難に立ち向かっていくことが大事であります。

〔夏期講習会第三期・令和元年九月号32㌻〕

④うれしい時も悲しい時も苦しい時もお題目を

「朝夕御唱《ちょうせき》へ候《そうら》はゞ正《まさ》しく法華経《ほけきょう》一部を真読《しんどく》にあそばすにて候《そうろう》。二反《へん》唱ふるは二部、乃至《ないし》百反は百部、千反は千部、加様《かよう》に不退に御唱へ候はゞ不退に法華経を読む人にて候べく候」とおっしゃっています。

南無妙法蓮華経の題目は、まさに一部の肝要《かんよう》であり、そこに一部八巻・二十八品・六万九千三百八十四文字の功徳《くどく》が、一つも漏れることなく収められているのでありますから、朝夕、南無妙法蓮華経と唱えれば、それは取りも直さず、法華経一部を真読する、つまり法華経一部を読むことになるということです。

そして、唱題の二遍は法華経を二部、乃至、百遍は百部、千遍は千部、読《どく》誦《じゅ》することに相当するのであるから、怠《おこた》りなく唱題をすれば、それは法華経を怠らず読誦する人であると言うことができると、唱題の功徳について大聖人様は、かくの如《ごと》く御教示あそばされているのであります。

皆さん方も常々、唱題をなさっていらっしゃると思いますけれども、やはり唱題の功徳というのは、この御文の如く広大であります。ですから、うれしい時も悲しい時も苦しい時も、しっかりお題目を唱えることが大事です。しっかりとお題目を唱えていくことによって、ますます我々は成仏《じょうぶつ》に近づけるのであります。

〔夏期講習会第三期・令和元年九月号40ページ〕

⑤ なにしろお題目を唱える

大聖人様は『法華《ほっけ》題目抄』のなかに、

「問うて云《い》はく、妙法蓮華経の五字にはいくばくの功徳《くどく》をおさめたるや」（御書三五五㌻）

つまり、妙法蓮華経の五字の功徳とは、どれほどのものかと聞いているのに対し、

「答へて云はく、大海は衆流《しゅる》を納《おさ》め、大地は有情《うじょう》非情を持《たも》ち、如意宝珠《ほうじゅ》は万宝《ばんぽう》を雨《ふ》らし、梵王《ぼんのう》は三界を領《りょう》す。妙法蓮華経の五字も亦復《またまた》是《か》くの如《ごと》し。一切の九界の衆生《しゅじょう》並びに仏界を納めたり。十界を納むれば亦十界の依報《えほう》の国土を収む」（同㌻）

と仰せられ、「一切の九界の衆生並びに仏界を納めたり。十界を納むれば亦

十界の依報の国土を収む」と、妙法蓮華経の五字の功徳がこれほど広大無辺なのだと示されております。

したがって、南無妙法蓮華経と唱題することの功徳は、まことにもって計り知れない、すばらしい功徳があるにもかかわらず、その唱題をしないということは、我々信徒として、大聖人様の弟子檀那《だんな》として、あってはならないのです。だから、日夜朝暮《にちやちょうぼ》に怠《おこた》らず南無妙法蓮華経と唱えていくことが大事なのであります。

このことは皆さん方も、普段、指導教師の方からよく聞いていらっしゃるから、お解りのことと思いますけれども、唱題をしっかりしていくことを心掛けて、なにしろお題目を唱えるのです。そこから必ず解決の糸口が見つかっていきます。そのことを忘れずに、これからも是非、精進《しょうじん》していただきたいと思います。

〔夏期講習会第三期・令和元年九月号41ページ〕

⑥どんな難事でも必ず乗り越えることができる

『聖愚《しょうぐ》問答抄』には、

「病者は薬をもしら《知》ず病《やまい》をも弁《わきま》へずといへども服すれば必ず愈《い》ゆ。行者も亦然《またしか》なり。法理をもしらず煩悩《ぼんのう》をもしらずといへども、只《ただ》信ずれば見《けん》思《じ》・塵沙《じんじゃ》・無明《むみょう》の三惑の病を同時に断じて、実報寂光《じっぽうじゃっこう》の台《うてな》にのぼり、本《ほん》有《ぬ》三身の膚《はだえ》を磨かん事《こと》疑ひあるべからず。されば伝教《でんぎょう》大師云《い》はく『能化所化倶《とも》に歴劫《りゃっこう》無く、妙法経力即身成仏《きょうりきそくしんじょうぶつ》す』と」（御書四〇八ページ）

とおっしゃって、しっかりとお題目を唱えることが、いかに大事かを御教示であります。

ここに「行者も亦然なり。法理をもしらず煩悩をもしらずといへども、只信ずれば見思・塵沙・無明の三惑の病を同時に断」ずるとおっしゃってお り、さらに「実報寂光の台にのぼり」と、我々凡夫《ぼんぶ》も菩薩《ぼさつ》・仏の住する国土に行けると仰せであります。

そして、一切衆生《しゅじょう》に本来具《そな》わっている無作《むさ》常住の法報応《ほっぽうおう》の三身を、修行することによって顕現することを「膚を磨く」とおっしゃっているのでありま す。つまり、しっかりとお題目を唱えていけば成仏の境界《きょうがい》に至るのであり、伝教大師は「能化所化倶に歴劫無く、妙法経力即身成仏す」と、妙法の力がいかにすばらしく広大であるかを仰せであります。

だから、お題目をしっかり唱えていくことが大事であり、皆さん方は常々行っていると思うけれども、例えば折伏《しゃくぶく》に行く時も、お題目をしっかり唱えると、境界が違ってくるのです。怒りっぽい人も、怒らなくなります。

折伏に行って、怒ってはだめですし、けんかをしてはだめです。説得するのならばいいですが、けんかしてはいけません。しっかりと胆力を鍛えていくには、やはりお題目です。しっかりとお題目を唱えていけば、折伏ばかりでなく、日常の生活のなかでも、きちんと胆力が備わり、どんな難事でも必ず乗り越えることができるのであります。

〔夏期講習会第三期・令和元年九月号42ページ〕

⑦途中であきらめない

大聖人様は『祈祷抄《きとう》』に、

「行者は必ず不実なりとも智慧はをろかなりとも身は不浄なりとも戒徳は備へずとも南無妙法蓮華経と申さば必ず守護し給《たま》ふべし」

(御書六三〇㌻)

と、唱題の功徳《くどく》の広大無辺なることをおっしゃっております。

たとえ行者が不実なりとも、智慧が愚《おろ》かなりとも、身は不浄なりとも、あるいは戒徳などは具《そな》えていなくても、南無妙法蓮華経と唱えていけば、必ず大聖人様の御仏智《ぶっち》を賜《たまわ》って守護されるのであるとおっしゃっているのです。だから、うれしい時も、厳しい時も、悲しい時も、お題目をしっかりと唱えていくならば、そのお題目の力によって、いかなる災難をも必ず乗り越えていけるのであります。

これは途中で、あきらめてはだめなのです。一遍、二遍のお題目を唱えただけで、これはだめだと思ってしまうようなものは、信心とは言えないでしょう。まあ重々、解っているでしょうが、やはり一生懸命にお題目を唱えていくことが大事なのです。

『一生成仏抄《じょうぶつ》』には、

「衆生《しゅじょう》の心けがるれば土《ど》もけがれ、心清《きよ》ければ土も清しとて、浄土と云《い》ひ穢土《えど》と云ふも土に二つの隔《へだ》てなし。只《ただ》我等が心の善悪によると見えたり。衆生と云ふも仏と云ふも亦此《またか》くの如《ごと》し。迷ふ時は衆生と名づけ、悟《さと》る時をば仏と名づけたり。譬《たと》へば闇鏡《あんきょう》も磨きぬれば玉と見ゆるが如し。只今も一念無明《むみょう》の迷心は磨かざる鏡なり。是《これ》を磨かば必ず法性《ほっしょう》真如の明鏡と成るべし。深く信心を発《お》こして、日夜朝暮《にちやちょうぼ》に又懈《おこた》らず磨くべし。何様《いかよう》にしてか磨くべき、只南無妙法蓮華経と唱へたてまつるを、是《これ》をみ

がくとは云ふなり」（同四六ページ）

と仰せられ、唱題の功徳の広大なることを明かされているのであります。したがって、何かあったら唱題するのです。

例えば、折伏《しゃくぶく》に行く前にしっかり唱題すると、違うでしょう。皆さん方も実際に、そうなさっていると思いますが、題目の力というのは本当に広大無辺であり、我々が量《はか》ることができないほど、本当に大きなものがあるのです。

大聖人様が『日女御前御返事《にちにょごぜんごへんじ》』に、

「南無妙法蓮華経とばかり唱へて仏になるべき事尤《もっと》も大切なり」（同一三八八ページ）

とおっしゃっているように、常日ごろから、しっかりとお題目を唱えていくことが、信心の原点と言えるのではないかと思います。

（夏期講習会第三期・令和元年九月号43ページ）

⑧ みんなで折伏《しゃくぶく》に立ち上がる

今、宗門は僧俗一致して来たるべき令和三年・宗祖日蓮大聖人御聖誕《せいたん》八百年の慶事をお迎えするために、折伏《しゃくぶく》にすべての勢力を注いで頑張っております。

やはり、折伏ということは一番大事であります。

大聖人様の御出現の意味は、一天皆帰《かいき》妙法広宣流布《こうせんるふ》、すべての人にこの妙法を信じさせることであり、その御意《ぎょい》を汲んで、今、私達は折伏しているのです。

自分だけの信心は爾前権教《にぜんごんきょう》の信心と同じであり、それでは成仏《じょうぶつ》できません。やはり、自行化他《けた》にわたる信心が大事であります。

また、自分だけで折伏のすべてをしなくてもいいのではないかと思います。お寺に連れていき、御住職あるいは同志の方、講頭さんや婦人部長さん、青年部長さんなどに協力をお願いするような活動があってもいいのです。自分がなんでも全部、行うというのは大変ですが、みんなの力を合わせていけばできるでしょう。まずは、一人ひとりが必ず折伏に立ち上がることが大切です。

お寺に連れてきて、お話を住職や講頭さんにお願いするのも、立派な折伏です。まさに大聖人様が、

「一文《いちもん》一句なりともかたらせ給《たま》ふべし」（御書六六八ページ）

とおっしゃる通り、信心の話を聞いてもらうために「お寺に行こう」とお誘いするのでもいいのです。そうして、みんなが本当に折伏に立ち上がっていけば、令和三年の八十万人体勢構築の誓願も必ず達成できると思います。

先程も言いましたが、小さいお子さんなどは、折伏に出向くことはできま

せんよね。だから、皆さん方が折伏に出掛けている間、お子さんやお孫さん達が、おうちで留守番や電話番をすることになるでしょう。お父さん、お母さんが折伏に出ている間、おうちを守ってくださるのですから、これも立派に折伏に参加していることになると思います。ですから、小さいお子さんが留守番をしてくれたら、帰った時に大いに褒《ほ》めてあげてください。そういったことが、一家和楽の信心につながっていくのであります。

そのようにして、すべての老若男女《ろうにゃくなんにょ》、家中《いえじゅう》の人が異体同心の団結をし、折伏に参加して、家族愛をもって御奉公に励んでいくことが、大聖人様の御嘉納《かのう》あそばされるところではないでしょうか。このことは普段から指導教師の方々から重々、聞いていらっしゃると思いますけれども、今日また改めて、そのことを心肝《しんかん》に染め、しっかりと令和三年に向かって御精進《しょうじん》いただきたいと思います。

〔夏期講習会第三期・令和元年九月号45ジペー〕

⑨ 一人もかけず仏に成《な》る

大聖人様は『上野尼《あま》御前御返事』に、

「法華経《ほけきょう》と申すは手に取れば其《そ》の手やがて仏に成《な》り、口に唱ふれば其の口即《すなわ》ち仏なり（中略）故に経に云《い》はく『若《も》し法を聞くこと有らん者は一《ひと》として成仏《じょうぶつ》せずといふこと無けん』云云《うんぬん》。文《もん》の心は此《こ》の経を持《たも》つ人は百人は百人ながら、千人は千人ながら、一人もかけず仏に成ると申す文なり」（御書一五七四ページ）

と仰せであります。

また『妙一尼御前御消息《しょうそく》』には、

「いまだきか《聞》ず、法華経を信ずる人の凡夫《ぼんぶ》となる事を。経文には『若有《にゃくう》聞法者無一不成仏』ととかれて候《そうろう》」（同八三二ページ）

と仰せであります。

この御金言《きんげん》を拝し、妙法信受の広大なる功徳《くどく》を確信し、いよいよ広宣流布《こうせんるふ》達成へ向かって、自行化他《けた》の信心に励むことこそ、今、最も肝要《かんよう》であります。

今、宗門は総力を結集して、来たるべき令和三年・宗祖日蓮大聖人御聖誕《せいたん》八百年、法華講員《ほっけこういん》八十万人体勢構築の実現へ向けて、各支部ともに昼夜を分かたず、懸命に戦っています。この時に必要なのが、僧俗一致・異体同心の団結と誓願達成へ向けての断固たる決意であり、身軽法重《しんきょうほうじゅう》・死身弘法《ししんぐほう》の御聖訓のままに、何ものにも恐れない勇気ある折伏《しゃくぶく》の実践であります。

御聖誕八百年の大慶事まであと一年余、これからの誓願達成の戦いこそ最も大事であります。

どうぞ皆様には、講中一結・異体同心して、晴れて誓願達成を御宝前に御報告申し上げられますようお祈りして、簡単ながら本日の挨拶といたします。

〔札幌開教百年記念法要・令和元年九月号50ジペー〕

⑩ 三障四魔《さんしょうしま》を打ち破る

大聖人様は『兄弟抄』に、

「此《こ》の法門を申すには必ず魔出来《しゅったい》すべし。魔競《きそ》はずば正法《しょうぼう》と知るべからず。第五の巻に云《い》はく『行解既《ぎょうげすで》に勤めぬれば三障四魔《さんしょうしま》紛然《ふんぜん》として競ひ起こる、乃至随《ないしした》ふべからず畏《おそ》るべからず。之《これ》に随へば将《まさ》に人をして悪道に向かはしむ、之を畏れば正法を修することを妨《さまた》ぐ』等云云《うんぬん》。此の釈は日蓮が身に当たるのみならず、門家の明鏡なり。謹《つつし》んで習ひ伝へて未来の資糧とせよ」（御書九八六㌻）

と仰せられております。

三障四魔とは、仏道修行を妨げ、善心を害する三種の障《さわ》り、すなわち煩悩《ぼんのう》障・業《ごう》障・報障と、四種の魔、すなわち煩悩魔・陰《おん》魔・死魔・天子魔のことであります。

煩悩障とは貪瞋癡《とんじんち》の三毒、すなわち貪《むさぼ》り、瞋《いか》り、癡《おろ》かなどの煩悩によって仏道修行が妨げられる障害を言います。

業障とは五逆罪、すなわち父を殺し、母を殺し、阿羅漢《あらかん》を殺し、仏身より血を出《い》だし、和合僧を破る、ならびに十悪、すなわち殺生《せっしょう》・偸盗《ちゅうとう》・邪淫《じゃいん》・妄《もう》語《ご》・綺語《きご》・悪口《あっく》・両舌《りょうぜつ》・貪欲《とんよく》・瞋恚《しんに》・愚癡《ぐち》などの悪業《あくごう》によって起こる障害で、妻子、兄弟など身近な人が仏道修行を妨げることを言います。

報障とは、過去の正法誹謗《ひぼう》などの悪業の報《むく》いとして受ける障りを言います。国王、父母などの大きな力のある者が仏道修行を妨げる姿となって現れてくることであります。

次に四魔の陰魔とは、病魔とも呼び、五体より起こる魔のことで、信心に励んでいるのに病気になって修行させせまいとする魔です。

煩悩魔は、先程の煩悩障と同じように、貪瞋癡の三毒、すなわち貪り、瞋り、癡かな考えや行為によって起こる魔を指します。

死魔は、修行者の命を奪って修行を妨げ、修行者の若死《わかじ》になどによって仏法に不信を抱かせることです。

天子魔は、第六天の魔王および多くの眷属《けんぞく》と共に、修行者が仏道を成ずるのを妨げ、精気を奪うことを自己の楽しみとするので奪命《だつみょう》とも言い、この魔が権力者等の身に入って迫害、弾圧を加えるもので、最も恐るべき魔であります。

しかし、大聖人様は「魔競はずば正法と知るべからず」と仰せのように、魔は仏様の教えを守り、幸せを築こうとすると、影が身に添うように紛然《ふんぜん》として競い起こってまいります。魔の力は強く、その影響力から逃《のが》れることは、なかなか大変でありますが、この魔との戦いのなかにこそ、仏道修行の肝心要《かんじんかなめ》なところがあり、しっかりと題目を唱え、正法広布《こうふ》に身を捧《ささ》げ進んでいけば、必ず魔を魔と見破り、未来を明るく開いていくことができるのであります。

〔法華講中等部高等部大会・令和元年九月号53㌻〕

⑪ 障魔《しょうま》が出現した時は成長のチャンス

魔は私どもの信心が惰性《だせい》に流されてくると、必ずそこに乗じてきます。それが魔の魔たる所以《ゆえん》であります。

大聖人様は『聖人御難事《しょうにんごなんじ》』に、

「月々日々につより（強）給《たま》へ。すこしもたゆむ（弛）心あらば魔たよりをう（得）べし」

（御書一三九七ジペー）

と仰せであります。魔に負けない、たくましい信心を築くためには、月々日々に少しも弛《たゆ》むことなく、信心を強めていくことが肝要《かんよう》であると仰せであります。

惰性に押し流されて、魔に付け入られるのではなく、「魔競はずば正法《しょうぼう》と知るべからず」と仰せのように、むしろ障魔《しょうま》を呼び起こし、それを信心の成長のバネとしていくことが大事なのです。

所詮、信心とは障魔との戦いであります。

『兵衛志《ひょうえさかん》殿御返事』には、

「しを《潮》のひる《干》とみつ《満》と、月の出《い》づるといる《入》と、夏と秋と、冬と春とのさかひ《境》には必ず相違する事あり。凡夫《ぼんぶ》の仏になる又《また》かくのごとし。必ず三《さん》障四魔《しょうしま》と申す障《さわ》りいでき《出来》たれば、賢者はよろこび、愚者《ぐしゃ》は退くこれなり」（同一一八四ページ）

と仰せであります。

障魔が出現した時、まさに成長のチャンスであると確信し、私達は賢者として喜び勇《いさ》んで信心を堅固にし、決然と障魔を粉砕《ふんさい》して、堂々と勝利の道を歩んでいくことが肝要なのであります。

〔法華講中等部高等部大会・令和元年九月号55ページ〕

⑫ 魔《ま》来たり鬼《き》来たるとも騒乱《そうらん》する事なかれ

大聖人様は『聖愚問答抄《しょうぐもんどうしょう》』に、

「人の心は水の器にしたがふが如《ごと》く、物の性《しょう》は月の波に動くに似たり。故に汝《なんじ》当座は信ずといふとも後日は必ず翻《ひるが》へさん。魔《ま》来たり鬼《き》来たるとも騒乱《そうらん》する事なかれ。夫《それ》天魔は仏法をにくむ、外道《げどう》は内道をきらふ。されば猪《い》の金山《こんぜん》を摺《す》り、衆流《しゅる》の海に入り、薪《たきぎ》の火を盛んになし、風の求羅《ぐら》をます増が如くせば、豈《あに》好《よ》き事にあらずや」（御書四〇九㌻）

と仰せであります。

とかく人の心というものは、水の器に従うが如く、移ろいやすく、変わりやすいものであります。それ故に、初めは固く決意をしていても、途中で思わぬ障魔《しょうま》に紛動《ふんどう》されて、志半《なか》ばで挫折し、目的を達成せずに終わることが、多々あります。

まさにこの御文は、こうした障魔に誑《たぶら》かされず、いかなる障魔にも負けない不退転の信心を貫くように御教示あそばされているのであります。すなわち、信心の途中でどんな障魔が競《きそ》い起こり、行く手を阻《はば》もうとも、むしろそれを縁にして信心を堅固にしていくように、「猪と金山」「衆流と海」「薪と火」「風と求羅」の譬《たと》えを用いられて諭《さと》されているのであります。

「猪の金山を摺り」とは、猪《いのしし》が金山《きんざん》の光って輝いているのを見て憎《にく》み、身体をこすりつけてその輝きを消そうとしますが、身体をこすりつければつけるほど、かえって金山は輝きを増すように、正しい信心を励んでいけば、大難が起きますが、その難によってかえって信心が強盛《ごうじょう》になると示されているのであります。

「衆流の海に入り」とは、諸々の川の水が大海に流れ込むように、法華経《ほけきょう》の行者には大難が競い起こることは必定《ひつじょう》でありますが、むしろ大難があってこそ、法華経の行者であると知ることができると仰せられているのであります。

「薪の火を盛んになし」とは、薪を加えることによって火の勢いがますます盛んになるように、信心を強盛に進めていけば様々な難事も起きますが、それは正しい信心をしているからであります。

「風の求羅をます」というのは、迦羅《から》求羅という虫は身体は非常に小さいのでありますが、ひとたび風を得れば、その身体は大きくなると言われているのであります。

すなわち、法華経の行者は、信心が進めば大難に値《あ》うことは必定でありま す。しかし、むしろこの大難を機に、なお一層の信心に励んでいけば、必ず障魔を乗り越え、いよいよ信心決定《けつじょう》して大きく成長していくことができると御教示あそばされているのであります。

されば大聖人は、たとえいかに不退転の決意を固めていても、いざ現実に障魔が競い起きた時、動転して驚き慌《あわ》てることがないよう、あらかじめ正しい信心をしていけば障魔が必ず競い起こることを教えられ、それを乗りきるためには大御本尊様への絶対の確信を持って、妙法受持の強盛な信心を貫き通す以外にないことを、四つの譬えをもって教えられているのであります。

今、宗門は、令和三年・宗祖日蓮大聖人御聖誕《せいたん》八百年、法華講員《ほっけこういん》八十万人体勢構築の実現へ向けて、僧俗一致して前進をしておりますが、その行く手にはあらゆる障魔が競い起こることは必定であります。

しかし、ただいまの御教示の如く、障魔が競い起きた時こそ、信心決定の絶好の機会と捉えて、題目をしっかり唱え、毅然《きぜん》と魔と対決して、折伏《しゃくぶく》を実践し、もって障魔を粉砕《ふんさい》していくことが大事なのであります。

〔法華講中等部高等部大会・令和元年九月号56㌻〕

⑬ 心に折伏《しゃくぶく》を忘れれば心が謗法《ほうぼう》となる

総本山第二十六世日寛上人は、折伏《しゃくぶく》について『如説修行抄筆記《にょせつ》』に、

「常に心に折伏を忘れて四箇《しか》の名言《みょうごん》を思わずんば、心が謗法《ほうぼう》になるなり。口に折伏を言わずんば、口が謗法に同《どう》ずるなり。手に珠数《じゅず》を持ちて本尊に向かわずんば、身が謗法に同ずるなり。故に法華《ほっけ》本門の本尊を念じ、本門寿量の本尊に向かい、口に法華本門寿量文底下種《もんていげしゅ》・事《じ》の一念三千の南無妙法蓮華経と唱うる時は、身口意《しんくい》の三業《ごう》に折伏を行ずる者なり。是《こ》れ則《すなわ》ち身口意三業に法華を信ずる人なり云云《うんぬん》」

（御書文段六〇八ページ）

と御指南あそばされております。

この御文中、心に折伏を忘れれば心が謗法となり、口に折伏を言わなけれ

ば口が謗法となり、本尊に向かわなければ身が謗法となるとの御指南を拝する時、一生成仏《じょうぶつ》を期す私どもの信心において、いかに折伏が大事であるかを知らなければなりません。

大聖人様は『如説修行抄』に、

「正像二千年は小乗・権《ごん》大乗の流布《るふ》の時なり。末法《まっぽう》の始めの五百歳には純円一実の法華経《ほけきょう》のみ広宣《こうせん》流布の時なり。此《こ》の時は闘諍堅固《とうじょうけんご》・白法隠没《びゃくほうおんもつ》の時と定めて権実雑乱《ぞうらん》の砌《みぎり》なり。敵《かたき》有る時は刀杖弓箭《とうじょうきゅうせん》を持つべし、敵無き時は弓箭兵杖《ひょうじょう》なにかせん。今の時は権教即実教の敵と成《な》る。一乗流布の代《よ》の時は権教有って敵と成る。まぎらはしくば実教より之《これ》を責《せ》むべし。是《これ》を摂折《しょうしゃく》の修行の中には法華折伏と申すなり」（御書六七二㌻）

と仰せであります。

今、宗門は総力を結集して、来たるべき令和三年・宗祖日蓮大聖人御聖誕《せいたん》八百年、法華講員八十万人体勢構築の実現へ向けて、力強く前進しております。

　この時に当たり、私どもは一人も漏れることなく、御宝前に固くお誓い申し上げた折伏誓願は、何があっても必ず達成すべく、勇猛果敢《かかん》に折伏を行じていかなければなりません。もし、この大事な時に、折伏を忘れるようなことがあれば、悔《く》いを万代に残すことは必定《ひつじょう》であります。

　『南条兵衛《ひょうえ》七郎殿御書』には、

　「いかなる大善をつくり、法華経を千万部書写し、一念三千の観道を得たる人なりとも、法華経のかたき《敵》をだにもせめざれば得道ありがたし」

（同三二二ジペー）

と仰せであります。

　この御金言《きんげん》を一人ひとりが心に刻み、もって勇猛果敢に折伏を行じ、誓願達成へ向けて全力を傾注《けいちゅう》していくことが、今、最も大事であります。

（八月度広布唱題会・令和元年九月号67ジペー）

⑭ 朝夕《ちょうせき》の勤行《ごんぎょう》は信心の基本

私どもは、世界中のすべての人々を救済あそばされる御本仏日蓮大聖人様の広大無辺なる大慈大悲を拝し奉り、一人ひとりが大聖人様のお教えを我が身に体《たい》して、一人でも多くの人に、この正しい信心を勧《すす》めていくことが肝要《かんよう》であります。

それにはまず、私ども自身が朝夕《ちょうせき》の勤行《ごんぎょう》をしっかりとすることが大事であります。まさしく、朝夕の勤行は信心の基本であります。

そして『聖愚《しょうぐ》問答抄』に、

「今の世は濁世《じょくせ》なり、人の情もひがみゆがんで権教謗法《ごんきょうほうぼう》のみ多ければ正《しょう》法《ぼう》弘まりがたし。此《こ》の時は読誦・書写の修行も観念・工夫《くふう》・修練も無用なり。只折伏《ただしゃくぶく》を行じて力あらば威勢を以《もっ》て謗法をくだき、又《また》法門を以ても邪義を責《せ》めよとなり。取捨其《そ》の旨《むね》を得て一向《いっこう》に執《しゅう》する事なかれ」

（御書四〇三㌻）

との仰せをしっかりと守り、それぞれが大聖人様の仏法のすばらしさを一人でも多くの人に伝え、広宣流布《こうせんるふ》のお役に立つようにしていくことが今、最も大事であります。

〔少年部大会・令和元年九月号72㌻〕

⑮ 南無妙法蓮華経が成仏《じょうぶつ》の大法

法華経《ほけきょう》は釈尊の本懐《ほんがい》の教えでありまして、法華経以前の教えは、

「四十余年。未顕真実（四十余年には未《いま》だ真実を顕《あらわ》さず）」

（法華経二三ジペー）

と示されますように未顕真実、いまだ真実を顕されていないのです。したがって、法華経と比べれば、これはあくまでも方便であり、権《か》りの教えということになるのです。すなわち、釈尊は法華経を説くために四十二年間にわたって権りの教え、つまり方便の教えをお説きあそばされたのであります。

では、その方便の教えとは何かというと、大聖人様の御書のなかには、高い建物を建てる時に必要な足場のようなものだと示されております。これはどういうことかというと、足場を組んで高い建物を建てますけれども、その

建物が出来上がったならば、その足場は不要になり、かえって邪魔になるのです。要するに、四十余年未顕真実の、法華経以前の教えは、足場と同じで取り払わなければいけないのであり、法華経だけが唯一、真実の教えであるから、みんなそこに帰依《きえ》しなければならないと言っているのであります。

このように、釈尊の説法をせられたうち、四十余年の権《ごん》大乗教と、最後の八年間に説かれた実大乗教たる法華経とを対比して、どちらが正しいかを判断するのが権実相対であります。

そして、この御書では、念仏にしても真言《しんごん》にしても、諸宗は四十余年の、権りに説かれた教えに従ったものですから、これらはみんな間違いであり、まさに無得道であるとお示しになり、それに対して法華経の題目を唱える功《く》徳《どく》の偉大さを述べられ、末法今時《まっぽうこんじ》においては南無妙法蓮華経が成仏《じょうぶつ》の大法であるとお説きになっております。

〔夏期講習会第四期・令和元年十月号17ページ〕

⑯ 末法《まっぽう》は折伏《しゃくぶく》

末法《まっぽう》は、摂受《しょうじゅ》ではなく、折伏《しゃくぶく》であるとおっしゃっております。これは、末法においては邪義邪宗がはびこっていますが、その邪義邪宗を破折《はしゃく》しなければ、正法《しょうぼう》は立てられないという意味であります。

摂受というのは、折伏と違いまして、柔らかく相手の謗法《ほうぼう》も許容しながら法を説いていく方法でして、折伏と言いますのは、皆さん方もよくお解りの通り、邪義邪宗の本尊や何かがあったら、それをまず謗法払いしなければなりません。そのように、あくまでも正しいものは一つで、それ以外のものは破棄しなければいけない、つまり相手の間違いを正して、この正法に帰依《きえ》せしめるというものです。

要するに、摂受と折伏とがあるなか、末法は折伏と決まっているのでありますから、私達も大聖人様の正義《しょうぎ》こそ唯一絶対の教えであると示していくことが大事であります。

聞くところによりますと、他宗などでは仏教でありながら、例えば「神棚《かみだな》があってもいいでしょう」といった教えを平気で言っているようでありますけれども、大聖人様の教えはそうではないのです。釈尊五十年の説法のなかで法華経《ほけきょう》が本懐《ほんがい》、唯一真実の教えであると説かれているのでありますから、それ以前に説かれた浄土の教えも真言《しんごん》の教えも、これは破折しなければならないのであります。

〔夏期講習会第四期・令和元年十月号18ページ〕

⑰ 追善供養

「願はくは此《こ》の功徳《くどく》を以《もっ》て父母《ふも》と師匠と一切衆生《しゅじょう》に回向《えこう》し奉らんと祈請仕《きしょうつかまつ》り候《そうろう》」とお述べになっております。

そもそも、回向とは本来、自らが仏道修行をして得たところの功徳を、他の人に回《まわ》し向けるという意味であり、そこに自他共に仏果を成就《じょうじゅ》しようと期するのであります。

したがって『御義口伝《おんぎくでん》』には、

「今日《いま》蓮等《ら》の類聖霊《たぐいしょうりょう》を訪《とぶら》ふ時、法華経《ほけきょう》を読誦《どくじゅ》し、南無妙法蓮華経と唱へ奉る時、題目の光無間《むけん》に至って即身成仏《そくしんじょうぶつ》せしむ。廻向《えこう》の文此《もんこれ》より事起こるなり」（御書一七二四ページ）

とあります。すなわち、亡くなられた人達に対して法華経を読誦し、南無妙法蓮華経と唱えて追善供養する時、題目の光が無間地獄《じごく》に至って成仏することができると仰せられ、回向の文はこれから起きたのであると示されているのであります。まさしく妙法信受の功徳の現当二世にわたる広大なることを、この御文によって知ることができるのであります。

〔夏期講習会第四期・令和元年十月号33ジペー〕

⑱ 孝養を尽くすために法華経《ほけきょう》を贈る

『刑部左衛門尉《ぎょうぶさえもんのじょう》女房御返事』のなかには、

「父母《ふも》に御孝養の意《こころ》あらん人々は法華経《ほけきょう》を贈り給《たま》ふべし。教主釈尊の父母の御孝養には法華経を贈り給ひて候《そうろう》。日蓮が母存生《ぞんしょう》してをはせしに、仰せ候《そうら》ひし事をもあまりにそむ《背》きまいらせて候ひしかば、今をくれ《遅》まいらせて候があながちにくやしく覚へて候へば、一代聖教《しょうぎょう》を検《かんが》へて母の孝養を仕《つかまつ》らんと存じ候間、母の御訪《とぶら》ひ申させ給ふ人々をば我が身の様《よう》に思ひまいらせ候へば、あまりにうれしく思ひまいらせ候間、あらあらかき《書》つけて申し候なり。定めて過去聖霊《しょうりょう》も忽《たちま》ちに六道の垢穢《くえ》を離れて霊山《りょうぜん》浄土へ御参り候らん」（御書一五〇六㌻）

とおっしゃっております。

この文を現代文に訳して言いますと、「父母に孝養を尽くしたいと思う人は、必ず法華経を贈るべきである。教主釈尊も、父母の孝養のために法華経を贈られている。日蓮が母の存命であったころ、言葉に背《そむ》いて、あまりに御苦労ばかりかけたので、母亡き今は、ただ残念に思うばかりである。それであるから一代聖教を考えて、ことには仏の孝養を説かれた法華経を仰いで、亡き母への孝養を尽くしたいと日々、励んでいるところ、あなたのように母御《ははご》の弔《とむら》いをなされる方のことは自分のことのように思われて、あまりにうれしく、父母の孝養のことを大略《たいりゃく》、書き記したのである。定めて、亡くなられたあなたの母御も、この法華経の法門を聞いて、たちどころに六道の穢《けが》れを離れて、霊山浄土へ参るであろう」とおっしゃっているのです。

つまり、法華経によって初めて成仏《じょうぶつ》がかなえられるということを、おっしゃっているのであります。

〔夏期講習会第四期・令和元年十月号35ジペー〕

⑲ 折伏《しゃくぶく》には説得力が必要

折伏《しゃくぶく》には、なにしろ説得力が必要であります。説得力が乏《とぼ》しいと、相手はなかなか信じません。したがって、説得力を身に付けなければなりませんが、いくら言葉が巧《たく》みであっても、それだけでは相手は入信しません。

大聖人様は『法蓮抄』に、

「凡夫《ぼんぷ》は此《こ》の経は信じがたし。又《また》修行しても何の詮《せん》かあるべき。是《これ》を以《もっ》て之《これ》を思ふに、現在に眼前《げんぜん》の証拠あらんずる人、此の経を説かん時は信ずる人もありやせん」（御書八一四ジペー）

と仰せのように、折伏に当たって最も説得力があるのは、信心の功徳《くどく》を現証として相手に示すことであります。

今、我々の折伏も、不軽菩薩《ふきょうぼさつ》の大神通力《じんずうりき》、楽説弁力《ぎょうぜつべん》、大善寂《じゃく》力を目《ま》の当たりにして、増上慢《ぞうじょうまん》の四衆が等しく、その説くところを聞いて信伏随従《しんぷくずいじゅう》するに至ったように、信心の確《かく》たる現証を示すことが肝要《かんよう》なのであります。

そのためには、まず自らが自行化他《けた》の信心に励むことであります。自行化他の信心に励むところ、必ず自然と妙法の広大なる功徳によって、我らもまた不軽菩薩と同様に大神通力、楽説弁力、大善寂力を得ることができるのであります。

〔夏期講習会第四期・令和元年十月号47ジペー〕

⑳ 自らが変わることによって相手が変わる

大聖人様は『御義口伝《おんぎくでん》』のなかで、

「所詮今《いま》日蓮等の類《たぐい》南無妙法蓮華経と唱へ奉る行者は末法《まっぽう》の不軽菩薩《ふきょうぼさつ》なり」（御書一七七八ジ）

と仰せになっていらっしゃいます。すなわち、私達が不軽菩薩と同じように大神通力《じんずうりき》、楽説弁力《ぎょうせつべん》、大善寂力《じゃく》を得ることができれば、おのずと私達の身口《しんく》意《い》の三業《ごう》にわたる所行のすべてが折伏《しゃくぶく》に役立つ、つまり強烈な説得力を持つことになるのであります。

例えば、折伏の言葉一つにしても、自然と楽説弁力の功徳《くどく》が発揮され、相手の信頼感を得ることができるのであります。折伏は、我々の言っていることを相手が信じてくれなければ何もなりません。相手の信頼に足《た》る言葉、行い、意《こころ》がなければ、折伏は成就《じょうじゅ》しないのであります。大御本尊様への絶対信をもって自行化他《けた》の信心に励む時、妙法の広大なる功徳によって、まず自らが変わり、自らが変わることによって相手が変わり、折伏成就に至るのであります。

今、宗門は、まさに僧俗挙げて来たるべき令和三年・法華講員《ほっけこういん》八十万人体勢構築の実現へ向けて前進をしております。かかる時にこそ、皆さん方には、一人も漏れず、不軽菩薩の行規を見習って折伏に立ち上がり、誓願を必ず達成されますよう、心からお祈りするものであります。

〔夏期講習会第四期・令和元年十月号48ジペー〕

㉑ 折伏《しゃくぶく》を忘れて成仏《じょうぶつ》できない

私どもの信心は、自行化他《けた》にわたるものでなければなりません。自行ばかりで、折伏《しゃくぶく》を忘れた信心は、御本仏の御意《ぎょい》に反します。

したがって、大聖人様は『南条兵衛《ひょうえ》七郎殿御書』に、

「いかなる大善をつくり、法華経《ほけきょう》を千万部書写し、一念三千の観道を得たる人なりとも、法華経のかたき《敵》をだにもせめ《責》ざれば得道ありがたし」

（御書三二二ページ）

と、法華経の敵《かたき》を責《せ》める、つまり折伏をしなければ「得道ありがたし」、成仏《じょうぶつ》得道はないぞと、厳しくおっしゃっておられます。

また『聖愚《しょうぐ》問答抄』には、

「今の世は濁世《じょくせ》なり、人の情もひがみゆがんで権教謗法《ごんきょうほうぼう》のみ多ければ正《しょう》法《ぼう》弘まりがたし。此《こ》の時は読誦《どくじゅ》・書写の修行も観念・工夫《くふう》・修練も無用なり。只《ただ》折伏を行じて力あらば威勢を以《もっ》て謗法をくだき、又《また》法門を以《もっ》ても邪義を責めよとなり」（同四〇三㌻）

と、我々の普段の信心において、折伏を忘れては成仏できないとおっしゃっているのであります。

さらに『如説《にょせつ》修行抄』には、

「今の時は権教即実教の敵と成《な》る。一乗流布《るふ》の代《よ》の時は権教有って敵と成る。まぎら《紛》はしくば実教より之《これ》を責むべし。是《これ》を摂折《しょうしゃく》の修行の中には法華《ほっけ》折伏と申すなり」（同六七二㌻）

と仰せであります。

まさに天台大師が、

「法華折伏破権門《ごんもん》理」（同㌻等）

と仰せの通り、我々の修行は折伏であり、折伏をもって邪義邪宗を破折《はしゃく》して多くの人を救っていくところに、私達の信心の行体・行儀があるのでありま す。

〔夏期講習会第四期・令和元年十月号49ジペー〕

㉒ 折伏《しゃくぶく》は慈悲行

折伏《しゃくぶく》というのは、大聖人様が『諸法実相抄』に、

「一文《いちもん》一句なりともかたらせ給《たま》ふべし」（御書六六八㌻）

とおっしゃっているように、どんな人に対しても、大聖人様の教えが正しいことを、戒壇《かいだん》の大御本尊様のすばらしいことを説けばいいのです。

折伏というと、折伏はけんかするものだと思っている人はいないと思うけれども、なかには勘違いしている人もいるのではないでしょうか。これはだめです。けんかをしに行くのではないのです。救いに行くのですから、けんかをしてはだめです。相手がいかに怒っても、こちらは信心をしている姿を見せるためにも冷静に対処しなければいけません。それを一緒になって怒っ

てけんかになってしまい、挙げ句の果てが「あの人はいくら折伏してもだめだ」と言うようなことがあってはいけません。

そのためには、しっかりとお題目を唱えることが大事です。自分自身、しっかりとお題目を唱えていくと、けんかになるようなことはありません。これは私が言うまでもなく、皆さん方は百も二百も承知のことだと思いますけれども、ともすると忘れてしまうことがあるのです。だから、それを忘れないで、この御文の通り、しっかりと折伏をしていただきたいと思います。

あくまでも、折伏は慈悲行なのです。だから、慈悲の心をもって折伏に励むということを忘れなければ、必ず折伏は達成できます。この折伏の件については講中挙げて、みんなで、よく話し合って、是非、頑張っていただきたいと思います。

〔夏期講習会第四期・令和元年十月号51ジペー〕

㉓ 心性《しんしょう》の如来顕《あら》はる

大聖人様は『一念三千法門』に、

「妙法蓮華経と唱ふる時心性《しんしょう》の如来顕《あら》はる。耳にふれし類《たぐい》は無量阿僧祇《あそうぎ》劫《こう》の罪を滅す。一念も随喜《ずいぎ》する時即身成仏《そくしんじょうぶつ》す。縦《たと》ひ信ぜずとも種《しゅ》と成《な》り熟《じゅく》と成り必ず之《これ》に依《よ》って成仏す」（御書一〇九ジペー）

と仰せであります。

南無妙法蓮華経と唱え奉る時、「心性の如来」すなわち、十界互具《ごぐ》する我々の生命に本来的に具《そな》わっている仏界が顕《あらわ》れるのであります。したがって、妙法を耳に触れた者は、妙法の広大無辺なる功徳《くどく》によって、計ることができないほどの罪を必ず消滅することができるのであります。つまり、妙法を聞いてわずかでも歓喜《かんぎ》する時、即身成仏することができるのであります。されば、たとえ妙法を聞いて信じようとせずに反対したとしても、やがてそれが仏縁となって、すなわち逆縁となって、種となり、熟となり、必ず成仏することができると仰せられているのであります。

今、宗門は来たるべき令和三年、すなわち西暦二〇二一年・宗祖日蓮大聖人御聖誕《せいたん》八百年、法華講員《ほっけこういん》八十万人体勢構築の実現へ向けて、世界中の友が異体同心・一致団結して、力強く前進をしております。

この時に当たりまして、私どもは国の内外を問わず、末法《まっぽう》の御本仏宗祖日蓮大聖人の本因下種《ほんにんげしゅ》の仏法こそ、全世界の平和と全人類の幸せをもたらす、最高至善の秘法であることを確信するとともに、妙法弘通《ぐずう》に精進《しょうじん》することが今、最も肝要《かんよう》であることを確認し、いよいよ異体同心・一致団結して妙法広《こう》布《ふ》に精進されますよう心からお祈りし、本日の挨拶といたします。

〔海外信徒夏期研修会開会式・令和元年十月号54ジペー〕

㉔ 信心は実践行

信心とは理屈や理論ではなく、実践行であります。私どもの成仏《じょうぶつ》も、信心という実践、体験、行動を通して、初めて我がものとなるのであり、机上《きじょう》の空論では我々は成仏しないのであります。

されば『土篭《つちろう》御書』には、

「法華経《ほけきょう》を余人《よにん》のよみ《読》候《そうろう》は、口ばかりことば《言》ばかりはよめ《読》ども心はよま《読》ず、心はよめ《読》ども身によま《読》ず、色心《しきしん》二法共にあそばされたるこそ貴《たっと》く候《そうら》へ」（御書四八三ページ）

と仰せであります。

したがって、この御金言《きんげん》も心では解っていても、実際に自ら実践し、体験しなければ全《まった》く意味がありません。広大無辺なる御本尊の功徳《くどく》も、我がものとはならないのであります。まさしく、折伏《しゃくぶく》もまた同様であります。

大聖人様は『南条兵衛《ひょうえ》七郎殿御書』に、

「いかなる大善をつくり、法華経を千万部書写し、一念三千の観道を得たる人なりとも、法華経のかたき《敵》をだにもせめ《責》ざれば得道ありがたし。たとへば朝《ちょう》につか《仕》ふる人の十年二十年の奉公あれども、君の敵をしり《知》ながら奏《そう》しもせず、私にもあだ《怨》まずば、奉公皆うせ《失》て還《かえ》ってとが《咎》に行なはれんが如《ごと》し」（同三二二ページ）

と仰せであります。

この御文中「法華経のかたきをだにもせめざれば得道ありがたし」とのお言葉を、よくよく拝さなければなりません。

（九月度広布唱題会・令和元年十月号61ページ）

㉕ 与えられた尊い使命

特に、昨今の混沌《こんとん》とした国内外の情勢を見る時、私どもはなんとしてでも『立正安国論《りっしょうあんこくろん》』の御理想実現のため、全支部が全魂《ぜんこん》を傾けて、勇猛果敢《かかん》に折伏《しゃくぶく》を実践していかなければなりません。

大聖人様は『諸経と法華経《ほけきょう》と難易の事』に、

「仏法やうやく顛倒《てんどう》しければ世間も又濁乱《またじょくらん》せり。仏法は体《たい》のごとし、世間はかげのごとし。体曲《ま》がれば影なゝめなり」（御書一四六九ジペー）

と仰せであります。

天変地夭《てんぺんちよう》も、悲惨な事件や事故も、戦争や飢餓《きが》も、混迷する政治や経済も、その混乱と破壊の根本原因は一にかかって、思想の乱れ、信仰の乱れ、すなわち正法《しょうぼう》を信ぜず悪法を信じているからであります。

故に大聖人様は、

「早く天下の静謐《せいひつ》を思はゞ須《すべか》く国中の謗法《ほうぼう》を断《た》つべし」（同二四七ジペー）

と厳しく仰せられているのであります。

私どもはこの御金言《きんげん》を拝し、謗法の害毒によって不幸に喘《あえ》ぐ多くの人々を救い、世の中を救い、国を救い、世界を救っていくのが、地涌《じゆ》の菩薩《ぼさつ》の眷属《けんぞく》たる私どもの大事な責務であると知り、宗祖日蓮大聖人御聖誕《せいたん》八百年、法華《ほっけ》講員《こういん》八十万人体勢構築の誓願を達成すべく、身軽法重《しんきょうほうじゅう》・死身弘法《ししんぐほう》の御聖訓のままに、折伏に打って出ることが最も肝要《かんよう》であります。それが今、私ども本宗僧俗に与えられた尊い使命であることを知らなければなりません。

〔九月度広布唱題会・令和元年十月号62ジペー〕

㉖ 余行を雑《まじ》えずに南無妙法蓮華経と唱え奉る

「されば三世の諸仏も妙法蓮華経の五字を以《もっ》て仏に成《な》り給《たま》ひしなり。三世の諸仏の出世の本懐《ほんがい》、一切衆生皆成仏道《しゅじょうかいじょうぶつどう》の妙法と云《い》ふは是《これ》なり。是等《これら》の趣《おもむき》を能《よ》く能く心得て、仏になる道には我慢偏執《がまんへんしゅう》の心なく、南無妙法蓮華経と唱へ奉るべき者なり」と仰せであります。

つまり、三世の諸仏も妙法蓮華経の五字によって仏と成ったのでありま す。まさしく妙法蓮華経の五字は三世の諸仏の出世の本懐であり、一切衆生が皆、仏道を成ずる法とは、この妙法五字であります。これらの趣旨をよくよく心得て、仏に成る道は、我慢偏執の心なく南無妙法蓮華経と唱え奉ることであると知るべきである、とおっしゃっているのであります。

されば、末法《まっぽう》の御本仏宗祖日蓮大聖人御図顕《ずけん》の大御本尊を拝信し、余行を雑《まじ》えずに南無妙法蓮華経と唱え奉る時、我が身が即、妙法の当体となり、即身成仏の本懐を成就《じょうじゅ》することができると覚知して、いよいよ自行化他《けた》の信心に励んでいくことが肝要《かんよう》であります。

〔夏期講習会第五期・令和元年十一月号19ジペー〕

㉗ 先祖や子孫にも功徳《くどく》は及ぶ

「悪の中の大悪は我が身に其《そ》の苦をうくる《受》のみならず、子と孫と末《すえ》七代までもかゝり候《そうら》ひけるなり。善の中の大善も又々かくのごとし」
（御書一三七七ページ）

と仰せのように、悪のなかの大悪は、その罪の報《むく》いを我が身に受けるだけでなく、子と孫と七代の子孫にまでも及ぶのです。また逆に、善のなかの大善も同じだとおっしゃっております。

だから私達が今、本当に一生懸命にお題目を唱えて成仏《じょうぶつ》の境界《きょうがい》を築くことは、己《おの》れ一代だけではなくして、子々孫々《ししそんそん》にまで功徳《くどく》が行き渡るのであり、さらに上《かみ》七代の先祖にも供養することができるのです。したがって、今日《こんにち》の私達の信心の姿勢が、いかに大事であるかということをお示しなのであります。

だから改めて「自身仏にならずしては父母《ふも》をだにもすくいがたし。いわうや他人をや」という御文を、よくよく我々は拝していかなければならないと思います。

我々自身がお題目を唱えていくと、その功徳をもって、上七代、上無量生《しょう》にわたる様々な先祖代々の追善供養を行うことができるのであり、また今度は下《しも》七代、下無量生にわたる人達に功徳を及ぼすことができるのです。そして、それは今、私達自身が、どのように生きるか、どう信心していくかにかかっているのであります。

その我々の信心において、今日にあって特に大事なことは、自行化他《けた》の信心ということであります。つまり、しっかりと自分自身が題目を唱えることとともに、しっかりと折伏《しゃくぶく》をすることです。

〔夏期講習会第五期・令和元年十一月号44ジペー〕

㉘信心とは折伏《しゃくぶく》なり

本宗の教えそのものは、広宣流布《こうせんるふ》を目指しております。広宣流布ということは、折伏《しゃくぶく》です。だから、折伏を忘れた信心というのは本来、大聖人様の教えのなかに存在しないのです。すべて、自行化他《けた》にわたる信心でなければいけません。

「自行計《ばか》りにして唱へてさて止《や》みぬ」（御書一五九四ジペー）

という御文がありますが、お題目を唱えれば、もちろん功徳《くどく》はあります。しかし、本当に上《かみ》七代、下《しも》七代に至るような功徳を積もうと思うならば、やはり自行化他にわたる信心、つまり折伏をしていくことが大事です。

自分一人だけの信心というのは、小乗仏教の考え方です。これは小さな乗り物で、自分一人だけが幸せになればいいという考え方です。しかし、これでは広宣流布のお役には立てません。私達の信心は、自らが題目を唱えるとともに、不幸な人が本当にたくさんいるのでありますから、その人達を救っていく、つまり折伏をしていくことが極めて大事であります。

亡くなった私の師匠の観妙院様は「信心とは折伏なり」ということを、よくおっしゃっていました。つまり、自分だけの信心というのは存在しないのです。一人でも多くの人を幸せにしていこうという大乗の精神が大事なのであり、これが妙法の心です。

だから、やはり我々は自行化他の信心ということを肝《きも》に銘《めい》じて、しっかりとお題目を唱え、折伏をして、上七代、下七代に至るような功徳を是非、積んでいただきたいと思います。

〔夏期講習会第五期・令和元年十一月号45ジペー〕

㉙ 私達がなすべきこと

今、宗門は来たるべき令和三年の八十万人体勢構築へ向かって前進をしております。この八十万人体勢の構築は、私達が御本尊様にお誓いした約束です。どんなことがあっても、私達は渾身《こんしん》の力を込めて折伏《しゃくぶく》に立ち上がり、このお約束を守らなければなりません。

もし約束を果たせなければ、また大変なことになるでしょう。しかし、本当に心して折伏を行じ、御本尊様にお誓いしたこの八十万人体勢構築の約束をしっかりと守れば、それはそれは計り知れない大きな功徳《くどく》を必ず頂戴することができます。

今日お集まりの方々が本当に立ち上がって動けば、講中も変わります。そして、お寺の多くの御信徒が、必ず立ち上がります。ですから今日、来られた方は、これを一つの大きな縁として、是非、折伏に立ち上がっていただきたいと思います。

また、折伏に当たっては、みんなで異体同心して折伏することが大事です。みんなで力を合わせて折伏に励むことが、私達に今日《こんにち》、課せられたところの大事な使命であります。

令和三年を迎えるに当たって私達がなすべきこと、それはまさに折伏であります。この令和三年に向かっての精進《しょうじん》が、また私達に大きな功徳を必ずもたらすことになるのであります。このことは重々お解りのことと思いますが、頭でつかちではなくして、それを我が身に移して実践するところに功徳があるのです。我が身をもって折伏に励むところ、必ず広大無辺なる御仏智《ぶっち》を頂き、功徳を頂くことができるのです。どうぞ、その確信を持って、一生懸命、みんなで異体同心して頑張っていただきたいと思います。

〔夏期講習会第五期・令和元年十一月号46ジペー〕

㉚ 日顕上人の御事績

去る九月二十日、総本山第六十七世御法主《ほっす》日顕上人猊下《げいか》には、御年《おんとし》九十六歳をもって、安祥《あんじょう》として御遷化《せんげ》あそばされました。

日顕上人猊下には、昭和五十四年七月、御先師日達上人のあとを紹継あそばされて、御登座以来、二十七年にわたり一宗を御統率あそばされ、一天広布《こうふ》を目指し、僧俗一同に対し親しく御教導くだされましたことに心から感謝申し上げ、謹《つつし》んで御報恩謝徳申し上げるものであります。

御在職中、特に、いわゆる正信会問題、また創価学会問題に対しましては、宗祖日蓮大聖人、第二祖日興上人以来の本宗の血脈《けちみゃく》相伝に基づく宗是《しゅうぜ》をもって厳しく対処され、正邪を警醒《けいせい》された御英断に対して、我ら一同、心から感謝申し上げるものであります。

さらに、宗祖日蓮大聖人第七百遠忌《おんき》をはじめ、地涌《じゆ》六万大総会、宗旨建立《こんりゅう》七百五十年慶祝記念特別大法要等を奉修されるとともに、奉安堂建立、客殿再建をはじめ山内の整備を計られました。一方、東京に富士学林大学科を設立され、御《おん》自ら教壇に立たれて、当家甚深《じんじん》の御法門たる「三大秘法義」を御講義あそばされるなど、竜象《りゅうぞう》の育成のために、親しく御教導あそばされましたことは、まことに有り難き極みであります。

また『寿量品説法』をはじめ、『観心本尊抄講話』『百六箇種脱《しゅだつ》対見拝述記』等を著され、当家甚深の御法門を御教示賜《たまわ》りましたことは、宗内一同、心から感謝申し上げるものであります。

そして、本日の広布唱題会についても、日顕上人の御発案によって行われることになったものであります。さらに今、行われております支部総登山についても、日顕上人の御発案によるものであります。

まさに、日顕上人猊下におかせられては、宗内僧俗に対し、甚深の御慈悲を垂《た》れ給《たま》い、種々御教導くだされたことに対し、我ら一同、心から深謝申し上げるとともに、その広大なる御恩徳に報《むく》い奉るため、僧俗一致・異体同心して、なお一層の自行化他《けた》にわたる信心に励むことが肝要《かんよう》であろうと思います。

各位にはどうぞ、日顕上人猊下の甚深の御意《ぎょい》を拝し奉り、誓願達成へ向けていよいよ御精進《しょうじん》されますよう、心から念ずるものであります。

〔十月度広布唱題会・令和元年十一月号48ジペー〕

㉛仏の種は法華経《ほけきょう》より外《ほか》になきなり

そもそも、末法《まっぽう》は摂受《しょうじゅ》・折伏《しゃくぶく》とあるうち、折伏をもって正規《しょうき》といたします。されば『御講聞書《おんこうききがき》』には、

「今《いま》末法は南無妙法蓮華経の七字を弘めて利生得益《りしょうとくやく》有るべき時なり」

（御書一八一八㌻）

と仰せられているのであります。

末法は折伏をして、初めて「利生得益」があるとの御金言《きんげん》は、まことに大事であります。過去遠々劫《おんのんごう》から積み重なる様々な罪障《ざいしょう》も、一切衆生《しゅじょう》救済の慈悲行たる折伏を行ずることによって、仏様の化《け》を受け、自他共に成仏《じょうぶつ》することができるのであります。

よって『法華《ほっけ》初心成仏抄』には、

「仏になる法華経《ほけきょう》を耳にふれぬれば、是《これ》を種として必ず仏になるなり。されば天台・妙楽も此《こ》の心を以《もっ》て、強《し》ひて法華経を説くべしとは釈し給《たま》へり。譬《たと》へば人の地に依《よ》りて倒れたる者の、返って地をおさへて起《た》つが如《ごと》し。地獄《じごく》には堕《お》つれども、疾《と》く浮かんで仏になるなり。当世の人何《なに》となくとも法華経に背《そむ》く失《とが》に依りて、地獄に堕ちん事疑ひなき故に、とてもかくても法華経を強ひて説き聞かすべし。信ぜん人は仏になるべし、謗《ぼう》ぜん者は毒鼓《どっく》の縁となって仏になるべきなり。何《いか》にとしても仏の種は法華経より外《ほか》になきなり」（同一三一六ページ）

と仰せであります。

「毒鼓の縁」とは既《すで》に皆様もよく御承知の通り、毒薬を太鼓《たいこ》に塗《ぬ》り、大衆のなかにおいてこれを打てば、聞こうとする心はなくても、これを聞けば皆、死するように、法を聞こうとせず信じようとしなくとも、やがて煩悩《ぼんのう》を断じて得道できることを、毒を塗った太鼓を打つことに譬えているのであります。

一切衆生には皆、仏性《ぶっしょう》が具《そな》わっております。正しい法を聞き、発心《ほっしん》・修行することによって、やがて成仏できるのであり、末法今時《こんじ》では順縁の衆生はもとより、たとえ逆縁の衆生であったとしても、三大秘法の南無妙法蓮華経を聞かせることによって、正法《しょうぼう》と縁を結ばせ、将来、必ず救済することができるのであります。

されば、私どもは一人ひとりがこの御金言を拝し、末法においていかに折伏が大事であるかを認識し、講中一結・異体同心して、すべての支部が御宝前にお誓い申し上げた折伏誓願を必ず達成すべく、真剣に唱題に励み、その功徳《くどく》と歓喜《かんぎ》と勇気を持って、身軽法重《しんきょうほうじゅう》・死身弘法《ししんぐほう》の折伏を行じ、もって全支部が折伏誓願を達成され、一生成仏を計られますよう心からお祈りし、本日の挨拶といたします。

〔十一月度広布唱題会・令和元年十二月号29ジペー〕

総本山第六十八世御法主日如上人猊下
御指南集 二十六

令和2年6月15日　初版発行

編集・発行／株式会社 大　日　蓮　出　版
静岡県富士宮市上条546番地の1
印　　　刷／株式会社 きうちいんさつ

ISBN978-4-905522-93-5